AF152414

BEI GRIN MACHT SICH IHR WISSEN BEZAHLT

- Wir veröffentlichen Ihre Hausarbeit,
  Bachelor- und Masterarbeit

- Ihr eigenes eBook und Buch -
  weltweit in allen wichtigen Shops

- Verdienen Sie an jedem Verkauf

Jetzt bei www.GRIN.com hochladen
und kostenlos publizieren

Isabelle Fischer

Infotainment in "The Big Bang Theory"

GRIN Verlag

Bibliografische Information der Deutschen Nationalbibliothek:

Die Deutsche Bibliothek verzeichnet diese Publikation in der Deutschen National-
bibliografie; detaillierte bibliografische Daten sind im Internet über http://dnb.d-
nb.de/ abrufbar.

Impressum:

Copyright © 2013 GRIN Verlag GmbH
Druck und Bindung: Books on Demand GmbH, Norderstedt Germany
ISBN: 978-3-656-38064-1

Dieses Buch bei GRIN:

http://www.grin.com/de/e-book/209942/infotainment-in-the-big-bang-theory

GRIN - Your knowledge has value

Der GRIN Verlag publiziert seit 1998 wissenschaftliche Arbeiten von Studenten, Hochschullehrern und anderen Akademikern als eBook und gedrucktes Buch. Die Verlagswebsite www.grin.com ist die ideale Plattform zur Veröffentlichung von Hausarbeiten, Abschlussarbeiten, wissenschaftlichen Aufsätzen, Dissertationen und Fachbüchern.

Besuchen Sie uns im Internet:

http://www.grin.com/

http://www.facebook.com/grincom

http://www.twitter.com/grin_com

Universität Mannheim

Seminar für Medien- und Kommunikationswissenschaft

Proseminar „Von Hill Street Blues zu Game of Thrones:

Die Entwicklung US-amerikanischer Serien seit den 1980er Jahren"

Infotainment am Beispiel von

The Big Bang Theory

Seminararbeit vorgelegt von

Isabelle Fischer

3.Fachsemester

06.02.2013

I Inhaltsverzeichnis

1 Einleitung

> *Amy: Hang on, Doctor C. What's vexillology?*
>
> *Sheldon: Vexillology is the study of flags.*
>
> *Amy: Cool. I think I just learned something!*
>
> *Sheldon: Did you have fun doing it?*
>
> *Amy: I'll say!*
>
> (The Beta Test Initiation, Season 5, Episode 14)

Anders als bei diesem Zitat scheint in medienwissenschaftlichen Werken die Trennung von Unterhaltung und Information Tradition zu sein. Besonders deutlich zeigt sich dies bei Literatur zum Thema „Fernsehen". Laut McQuail (1983) beispielsweise erfüllt das Fernsehen zwei Bedürfnisse: das Bedürfnis nach Unterhaltung, die die Flucht vor der Wirklichkeit, Erholung vom Alltag und eine Befreiung von negativen Emotionen ermöglichen soll. Dem gegenüber steht das Informationsbedürfnis. Das Fernsehen soll dem Rezipienten dabei helfen, sich zu orientieren; es soll Rat geben und, nicht zuletzt, einen Rahmen schaffen, in dem er sich weiterbilden kann. McQuail geht also von einer Kontradiktion aus.

Aber ist diese Informations-Unterhaltungs-Dichotomie überhaupt noch zeitgemäß?

Dehm und Storll (2005) sprechen sich klar gegen eine Trennung der beiden Elemente aus. Ihrer Ansicht nach unterscheiden Zuschauer nicht zwischen Information und Unterhaltung. Im Gegenteil: Sie empfinden viele Punkte, die in wissenschaftlichen Kreisen der Information zugesprochen werden, als grundlegend für gute und befriedigende Erfahrungen mit dem Medium Fernsehen.

Auch andere Forscher sind zu dem Schluss gekommen, dass aufgrund der mannigfaltigen Erlebnisdimensionen zwei Kategorien nicht genügen, um die Vielzahl an Fernsehformaten zu beschreiben (Klaus, 2008). Stattdessen muss davon ausgegangen werden, dass auch Hybridformen existieren.

Eine dieser Hybridformen ist das *Infotainment*, welches in der vorliegenden Seminararbeit genauer untersucht werden soll. Betrachtet wird hier die Vermittlung von Wissen in der Sitcom The Big Bang Theory. Dieses Thema ist besonders interessant, da Sitcoms im Vergleich zu anderen Programmen immer noch eher als seicht und weniger wertvoll gelten; nur dazu da, den Menschen etwas Abwechslung zu bieten (Mills, 2009, S.2). Außer Acht gelassen wird hierbei allerdings, dass sich Sitcoms weiterentwickelt haben und zum Teil neue Formen entstanden sind. Es erscheint als lohnend, Sitcoms bezüglich ihres Informationsgehaltes noch einmal genauer zu betrachten.

Anhand von The Big Bang Theory soll in dieser Seminararbeit geklärt werden, ob die These, Sitcoms seien zu reinen Unterhaltungszwecken gedacht, gehalten werden kann, oder ob man durch sie tatsächlich etwas lernt. Die Auseinandersetzung mit dieser Frage eröffnet möglicherweise einen neuen Blickwinkel auf Unterhaltungsprogramme und hilft, die Wechselwirkungen zwischen Information und Unterhaltung besser zu verstehen.

Zuerst wird ein grober Überblick über Infotainment gegeben: Die Fragen, durch was es sich auszeichnet und wie es entstand, werden hier beantwortet.

Dem folgt ein Kapitel über The Big Bang Theory, es wird erörtert, welche Gemeinsamkeiten und Unterschiede sich im Vergleich zu einer typischen Sitcom finden lassen.

Daraufhin wird sich der Verknüpfung von Infotainment und The Big Bang Theory gewidmet: Der Fokus liegt darauf, wie Informationen vermittelt werden (auch im Vergleich zu anderen Sitcoms) und ob man überhaupt etwas lernt.

Am Ende der Hausarbeit findet sich ein Fazit, in dem die wichtigsten Punkte bezüglich der eingangs genannten Fragestellung noch einmal aufgegriffen werden.

2 Infotainment

2.1 *Definition*

Der Begriff Infotainment ist ein englischer Neologismus. Das Portmanteau-Wort aus Information und Entertainment wird zwar in der Wissenschaft nicht einheitlich gebraucht und teilweise sehr verschieden verstanden, bezeichnet aber im Allgemeinen eine Verbindung von Unterhaltungs- und Informationselementen.

Bosshart präzisiert diese weite Definition in seinem Artikel *Infotainment im Spannungsfeld von Information und Unterhaltung* von 1991 wie folgt:

> Der Begriff Infotainment sollte nicht nur als eine Mischung von Information und Unterhaltung definiert, sondern auch als Rezeptionsqualität in einem angeregten (Information) und erregten (Unterhaltung) Zustand aufgefasst werden. Es geht um das Wechselspiel von Kognition und Affekt, um das Spannungsfeld zwischen Nachrichtenwerten und Gefühlsfaktoren (Bosshart, 1991, S.3).

Auch Lukas (2003) bemängelt die Ungenauigkeit der Begriffsbestimmung, da aus der Kombination zweier Worte noch nicht deren Verhältnis ersichtlich sei. So sei auch im Fall Infotainment unklar, ob es sich um informative Unterhaltung (mit Fokus auf dem Vergnügen) oder unterhaltsame Information (mit Hauptaugenmerk auf dem Lerneffekt) handle.

Jedoch ist dies sicherlich auch vom gesendeten Format abhängig, denn Infotainment lässt sich nicht einem bestimmten Genre oder Produktionstyp zuordnen. Es kann in Talkshows, Dokusoaps und Reality TV auftreten, aber auch in politischen Magazinen und Quiz-Shows (Klöppel, 2008). Alles ist denkbar.

Zudem beschränkt sich Infotainment nicht auf den Medienbereich, auch in der Politik (Rohmberg, 2008) und im Sport (Florschütz, 2005) setzt man sich mit diesem Phänomen auseinander. Diese Umstände machen es schwierig, eine Definition zu finden, die alle Aspekte beleuchtet und alle Facetten beinhaltet.

Des Weiteren finden sich in der Literatur widersprüchliche Ergebnisse, was die Auswirkungen des Konzeptes betrifft. Zum einen wird davon ausgegangen, dass Unterhaltung eine „zentrale Bedingung einer erfolgreichen Informationsverarbeitung" (Schicha und Brosda, 2002, S.15) sei, zum anderen weisen Früh und Wirth (1997) darauf hin, dass der Einsatz von vielen Unterhaltungseffekten einen produktiven Informationstransfer eher unterbinde. Aufgrund der wenigen aussagekräftigen Untersuchungen in diesem Feld sind aber erst noch weitere Forschungen vonnöten, um zu einem abschließenden Ergebnis zu kommen. Erst dann wird es möglich sein, genauere Angaben in Hinblick auf die gespaltenen Wirkungen von Infotainment zu machen.

2.2 Entstehung

Infotainment trat das erste Mal Mitte der 1980er Jahre in den USA auf. Der Ausdruck wurde benutzt, um den Wandel der Informations- und Politikvermittlung im Fernsehen medienkritisch zu beschreiben (Stiegler, 2005).

Jener Wandel resultierte aus der Reform des amerikanischen Fernsehens: Ab den 50er Jahren wurde das vorher übliche Sponsoring durch den Verkauf von Werbezeiten substituiert. Daraus ergab sich automatisch eine starke Konkurrenz zwischen den Sendern, die von nun an noch intensiver darum bemüht waren, neue Zuschauer zu gewinnen, um so möglichst hohe Einnahmen erzielen zu können. Aus dieser Motivation heraus versuchten einige Sender ein neues Konzept: die kurzweilige und amüsante Aufbereitung der Nachrichten durch Inszenierungen wie Showeffekte und musikalische Untermalung (Dörner, 2001).

Die Strategie war so erfolgreich, dass sie von den deutschen Sendeanstalten übernommen wurde, als sich 1984 die ersten Privatsender etablierten, welche sich ebenfalls aus Werbeeinnahmen finanzierten (ebd.).

Doch wie bereits erwähnt steht nicht jeder dieser Entwicklung positiv gegenüber. Medienkritiker wie Neil Postman (2010) werfen den Fernsehprogrammen vor, dass sie Objektivität bloß vortäuschten und durch Banalität und Trivialität bestimmt seien.

> Wir stehen hier vor der Tatsache, daß das Fernsehen die Bedeutung von ‚Informiertsein' verändert, indem es eine neue Spielart von Information hervorbringt, die man richtiger als *Desinformation* [Hervorhebung im Original] bezeichnen sollte. (...) Desinformation ist nicht dasselbe wie Falschinformation. Desinformation bedeutet irreführende Information – unangebrachte, irrelevante, bruchstückhafte oder oberflächliche Information -, Information, die vortäuscht, man wisse etwas, während sie einen in Wirklichkeit vorn [*sic*] Wissen weglockt (Postman, 2010, S.366).

Allerdings führt Postman für seine Hypothesen keine empirischen Belege an, weshalb es fragwürdig ist, ob sie tatsächlich haltbar sind.

3 The Big Bang Theory – eine typische Sitcom?

Sitcoms sind bekannt für ihre strengen dramaturgischen Regeln, bei keinem anderen Format gibt es so viele einzuhaltende Richtlinien (v. Weymarn, unbekannt). Aber inwiefern halten sich die Produzenten und Regisseure von The Big Bang Theory an diese Vorgaben? Kann die Sitcom überhaupt als „typisch" eingestuft werden? Diesen Fragen soll im Folgenden nachgegangen werden.

Sitcoms liegt zumeist eine episodische Erzählweise zugrunde, welche es ermöglicht, jederzeit und ohne Vorwissen in eine Sitcom einzusteigen (ebd.). Die Episoden sind wiederum üblicherweise in drei Elemente gegliedert: die Einleitung, in welcher das aktuelle zu lösende Problem vorgestellt wird; den Hauptteil, in dem die Problemlösung durch Hindernisse erschwert wird; und den Schluss, welcher selten überraschend ist. Hier werden die Schwierigkeiten überwunden und die Ausgangssituation wieder hergestellt. Im Allgemeinen haben sich die Figuren beim Durchlaufen dieses Prozesses nicht verändert.

David Marc (1989, S.190f.) beschreibt diese zirkuläre Dramaturgie mit folgender Gleichung:

episode = familiar status quo → ritual error made → ritual lesson learned → familiar status quo

Dieses sehr bekannte Merkmal trifft jedoch nicht gänzlich auf The Big Bang Theory zu. Zwar findet sich auch hier eine episodische Erzählweise, auch der Aufbau einer einzelnen Episode entspricht dem Muster. Jedoch entwickeln sich die Figuren weiter. Nicht von Episode zu Episode, aber im Laufe der Staffeln. Besonders deutlich wird das am Beispiel Howard Wolowitz.

Vor seiner Beziehung mit Bernadette sieht sich Howard als ein „Ladies man" und wirft in jedes Gespräch fragwürdige Kommentare und sexuelle Anspielungen ein. In Wirklichkeit hat er jedoch keinerlei Erfolg bei Frauen, worauf in mehreren Episoden hingewiesen wird[1]. Sein Charakter wandelt sich komplett, als er Bernadette kennenlernt und sich mit ihr verlobt. Als sie die Hochzeit absagen möchte, da sie durch einen betrunkenen Raj einige Geheimnisse bezüglich Howards Sexualleben vor der Beziehung erfährt, sucht Howard sie auf und will sie um Verzeihung bitten. Da sie ihn nicht sprechen möchte, wendet Howard sich an Penny.

---

[1] Vgl. The Lizard-Spock Expansion (Season 2, Episode 8), The Killer Robot Instability (Season 2, Episode 12) u.A.

Howard: Tell her I'm really sorry. And if she doesn't want to marry me, I get it. But what I really want her to know is the guy that she is really disgusted by is the guy that I'm disgusted by, too. But, that guy doesn't exist anymore; he's gone. And the reason is because of her. So, if this relationship is over, let her know that she made me a better man, and tell her thank you.

(The Stag Convergence, Season 5, Episode 22)

Ein weiteres Merkmal von Sitcoms ist, dass die Episoden sich zwar dramaturgisch in drei Akte aufteilen, sie aufgrund der eingeschobenen Werbeblöcke aber technisch gesehen nur aus zwei Akten bestehen. Damit die Zuschauer sich während der Werbung nicht von der Sendung abwenden, werden cliffhanger benutzt, um sie an die Geschichte zu binden. Dies ist auch bei The Big Bang Theory der Fall. Ein Beispiel dafür ist die Szene, in der Penny nach einem weintrunkenen Abendessen in Rajs Bett aufwacht[2].

Es gibt jedoch noch mehr Punkte, die dafür sprechen, dass The Big Bang Theory eine typische Sitcom ist: permanent werden Situationen aufgebaut, die miteinander nicht kompatibel sind und dennoch aufeinanderprallen (Meyn, 2010, S.5). Bei The Big Bang Theory äußert sich das schon in der Ausgangssituation: vier hochintelligente, aber auf dem sozialen Gebiet etwas unbeholfene Männer freunden sich mit der hübschen Nachbarin an, die nur einen Highschoolabschluss hat, davon träumt, Karriere als Schauspielerin zu machen, aber sich ihr Geld mit Kellnern verdienen muss. Bei der Kommunikation der beiden Gruppen sind Missverständnisse unvermeidbar.

Darüber hinaus gibt es, wie für Sitcoms charakteristisch, bloß einen Hauptschauplatz (Hartley, 2001), das Appartement von Sheldon und Leonard. Aus diesem Aspekt und dem strengen Zeitlimit (eine Episode dauert selten länger als 20 Minuten) resultiert die Fokussierung auf die Dialoge, da actionreiche Handlungen schlicht nicht möglich sind (Mack, 2002). Wie der Begriff Sitcom, kurz für Situation Comedy, schon sagt, sollen diese Dialoge vor allem amüsant sein. Es gibt viele puns; die Komik ist auf one-liner ausgerichtet (v. Weymarn, unbekannt). Die Plots, also Haupt- und Nebenhandlung, unterstützen den Effekt der Komik: Sie sind leicht verständlich und in sich geschlossen, was dazu führt, dass lustige Situationen schnell erkennbar sind (Mack, 2002).

Zugegebenermaßen unterscheidet sich The Big Bang Theory auch in einigen Punkten von einer typischen Sitcom. Abgesehen von der bereits erwähnten Entwicklung der Figuren sind die Unterschiede jedoch so marginal, dass sie nur der Vollständigkeit halber erwähnt werden sollen.

---

[2] The Roommate Transmogrification (Season 4, Episode 24)

Zum einen hatte der Pilotfilm nicht, wie sonst gängig, die doppelte Länge (Badanjak, 2005). Normalerweise wird auf dieses Mittel zurückgegriffen, damit die Rezipienten sich schneller an die Figuren gewöhnen und es ihnen leichter fällt, sich mit ihnen zu identifizieren, was dazu führen soll, dass sie auch bei der nächsten Episode wieder einschalten. Im Falle von The Big Bang Theory wurde jedoch darauf verzichtet; warum ist unklar.

Des Weiteren gibt es bei The Big Bang Theory kein canned laughter, die Geschichten werden jede Woche vor einem Live-Publikum aufgezeichnet (Rickman, 2012, S.71). Ebenfalls ungewöhnlich ist, dass man bei der Sitcom wieder das Multi-Camera-System verwendet. Da aber mehrere der neueren Sitcoms gleichermaßen verfahren, ist dies kein signifikanter Unterschied.

Zusammenfassend kann also gesagt werden, dass The Big Bang Theory zumindest in Bezug auf die zugrundeliegenden dramaturgischen Strukturen und Sitcom-Elemente dem allgemeingültigen Typ einer Sitcom entspricht. Ob dies auch bezüglich des vermittelten Inhaltes der Fall ist, soll im nächsten Kapitel geklärt werden.

4 The Big Bang Theory und Infotainment

4.1 *Vermittlung von Information*

Schon die Titel der englischen Episoden weisen darauf hin, dass es sich bei The Big Bang Theory nicht um ein reines Unterhaltungsprogramm handelt und die Sitcom der Gruppe der Infotainmentsendungen zugeordnet werden kann. Jeder Titel der bisher 135 Episoden ähnelt dem Namen eines wissenschaftlichen Prinzips, wie man z. B. bei The Hofstadter Isotope oder The Skank Reflex Analysis erkennen kann.

Auch das Intro, welches aus einer Folge von schnell nacheinander erscheinenden frames besteht, deutet in diese Richtung, da man unter anderem die Evolution des Menschen, Zellmitose und Albert Einstein ausmachen kann.

Wie bereits erwähnt, liegt der Fokus bei Sitcoms jedoch auf den Dialogen, weshalb sie in diesem Abschnitt im Vordergrund stehen. Im Folgenden wird sich näher damit befasst, wie durch sie Informationen vermittelt werden.

Zunächst sei angemerkt, dass es kein festes dramaturgisches Muster für die Informationsdarbietung gibt. Weder findet sie sich hauptsächlich im teaser oder der Einleitung, noch im Hauptteil: Die Akte und Szenen, in denen sie auftritt, unterscheiden sich in jeder Episode. Es entsteht dennoch der Eindruck, dass die Informationen gezielt eingesetzt werden, worauf später noch genauer eingegangen wird.

Darüber hinaus ist die Vermittlung der Informationen unspektakulär – jedenfalls was den ästhetischen Aspekt betrifft. Computeranimierte Visualisierungen, wie sie bei den CSI Serien oder Dr. House verwendet werden, sucht man bei The Big Bang Theory vergeblich. Auch auf andere Stilmittel, wie beispielsweise das freeze frame, das bei House of Lies regelmäßig zum Einsatz kommt, wird verzichtet. Stattdessen wird mit einfachen Mitteln gearbeitet, hauptsächlich mit einer Veränderung der Einstellungsgröße oder der Kamerabewegung, da die Information immer durch ein Gespräch zwischen den Figuren unterbreitet wird. Zumeist handelt es sich hierbei um einen Wechsel von der Totalen oder Halbtotalen zur Halbnahen oder Amerikanischen, damit auch der Fokus des Zuschauers auf die erklärende Figur gerückt wird. Ist die Wissensvermittlung abgeschlossen, gibt es bei The Big Bang Theory häufig ein zoom out; langsam richtet sich die Kamera wieder auf das gesamte Geschehen. Die vorherige Einstellung wird erneut aufgegriffen. Manchmal schwenkt die Kamera jedoch von der erklärenden Figur zur belehrten, um ihre Reaktion genau zeigen zu können, was mithilfe einer Naheinstellung geschieht.

In fast allen Fällen ist Sheldon die Figur, die den anderen etwas erklärt, was durchaus passend ist, da er in der Serie als ein Mann charakterisiert wird, der sein ganzes Leben der geistigen Betätigung gewidmet hat (Littman, 2012, S.8). Nicht nur bei seiner Arbeit als theoretischer Physiker am California Institute of Technology, sondern auch in seiner Freizeit liebt er es, den Dingen auf den Grund zu gehen und sein Denkvermögen unter Beweis zu stellen. Dass er über fast alles etwas weiß, auch über scheinbar Triviales (er spricht beispielsweise Klingonisch) prädestiniert ihn für die Rolle als Informationsvermittler.

Ein klassisches Beispiel findet sich in The Decoupling Fluctuation (Season 6, Episode 2).

> *Sheldon*: Excuse me. This is not about protecting my friend. I'm a big fan of homeostasis. Do you know what that is?
>
> *Penny*: Of course not.
>
> *Sheldon*: Homeostasis refers to a system's ability to regulate its internal environment and maintain a constant condition of properties like temperature or pH.
>
> *Penny*: Worst bedtime story ever.

Jedoch ist er ein Vertreter des wissenschaftlichen Fundamentalismus, der besagt, dass alle menschlichen Bestrebungen eine Art umgekehrte Pyramide bilden, deren Basis die fundamentale Physik ist (Lawhead, 2012, S.100). Deshalb betrachtet er sich selbst aufgrund seines Forschungsgebietes als höhergestellt als Leonard, der von Beruf Experimentalphysiker ist, und als Howard, einem Ingenieur.[3] Vor allem aber fühlt er sich der Gruppe der Sozialwissenschaftler intellektuell überlegen (ebd.), was auch der Grund ist, warum man in The Big Bang Theory keine direkten Informationen über sozialwissenschaftliche oder psychologische Prinzipien und Forschungsergebnisse bekommt. Allerdings schwingt bei aller Bewunderung für die Naturwissenschaften auch eine andere Botschaft mit. Das Versagen der vier hochintelligenten Männer in Situationen des alltäglichen Lebens[4] zeigt auf, dass man eine ausgeglichene Herangehensweise an seine Probleme benötigt und naturwissenschaftliches Wissen allein nicht ausreicht (Pigliucci, 2012, S.129).

---

[3] Sheldon lässt keine Gelegenheit aus, seine Ansicht kundzutun. Beispiele hierfür sind The Monopolar Expedition (Season 2, Episode 23) bzw. The Jerusalem Duality (Season 1, Episode 12), in der er sich über Leonard lustig macht bzw. Howard als einen „oompa-loompa of science" bezeichnet.

[4] Deutlich wird das bereits in der Pilotepisode, als Sheldon und Leonard es nicht schaffen, sich Zugang zum Gebäude zu verschaffen, in dem Pennys Exfreund wohnt. Sie kommen erst herein, als zwei kleine Pfadfindermädchen alle Klingeln drücken.

Interessant ist auch, dass es von Zeit zu Zeit Ausnahmen vom bekannten Muster gibt, d.h., dass nicht nur Sheldon durch seine Anekdoten oder Kommentare Informationen verbreitet. In The Grasshopper Experiment (Season 1, Episode 8) erläutert Leonard Penny, dass der Tequila Sunrise, den sie ihm gemixt hat, „a wonderful example of how liquids with different specific gravities interact in a cylindrical container" sei. Auch Sheldons Freundin Amy spricht gelegentlich von ihrer Arbeit als Neurobiologin[5].

Des Weiteren konsultieren Sheldon und Howard in The Jiminy Conjecture (Season 3, Episode 2) einen Biologen, um herauszufinden, wer von beiden der Gewinner der Wette ist, die sie über die Artenzugehörigkeit einer Grille abgeschlossen haben. Durch diesen Besuch erfährt der Zuschauer einiges über Grillen.

Doch nicht nur die Wissenschaftler vermitteln Lerninhalte, sogar Penny zeigt in The Gorilla Experiment (Season 3, Episode 10) ihr physikalisches Wissen. Allerdings hat sie sich vorher von Sheldon allerhand beibringen lassen, um ihren Freund Leonard beeindrucken zu können. Deshalb kann darüber gestritten werden, ob dies wirklich als Ausnahme angesehen werden kann.

Betrachtet man all die aufgeführten Fakten, drängt sich die Frage auf, was die Produzenten und Regisseure mit der Informationsvermittlung überhaupt bezwecken.

Auf diese Frage gibt es mehrere Antworten, die man findet, wenn man genauer untersucht, wann die Informationsvermittlung eingesetzt wird, da dies keinesfalls zufällig geschieht.

Zum einen dient sie innerhalb der Sitcom als Demonstrationsmittel von Überlegenheit. Sheldon nutzt jede Möglichkeit, um seine Freunde zu berichtigen und ihnen Vorträge über jegliches Themengebiet zu halten, sei es über Weihnachten (The Maternal Congruence, Season 3, Episode 11), Obst (The White Asparagus Triangulation, Season 2, Episode 9) oder Superman (The Big Bran Hypothesis, Season 1, Episode 2).

Es ist eine Charaktereigenschaft der Figur Sheldon Cooper, besserwisserisch aufzutreten und sich so von der Masse der weniger Intelligenten abzuheben. Außerdem bekommt man den Eindruck, dass er nicht anders kann. Selbst wenn er sich ernsthaft bemüht, seinen Freunden Rat zu geben, verfällt er in eine von wissenschaftlichen Ausdrücken geprägte Sprechweise; zur Verdeutlichung eines Punktes bringt er physikalische Experimente als Beleg. So auch in The Tangerine Factor (Season 1, Episode 17):

---

[5] Vgl. z. B. The Herb Garden Germination (Season 4, Episode 20), The Skank Reflex Analysis (Season 5, Episode 1)

Sheldon: Anyway, in 1935, Erwin Schrodinger, in an attempt to explain the Copenhagen interpretation of quantum physics, he proposed an experiment where a cat is placed in a box with a sealed vial of poison that will break open at a random time. Now, since no-one knows when or if the poison has been released, until the box is opened, the cat can be thought 11 fas both alive and dead. (...) Just like Schrodinger's Cat, your potential relationship with Leonard right now can be thought of as both good and bad. It is only by opening the box that you'll find out which it is.

Sein Drang, Informationen zu verbreiten, kann also durchaus zum Teil als eine Art Kommunikationsmittel gesehen werden.

Doch nicht nur Sheldon bedient sich dieser Methode, auch innerhalb der Männergruppe kommt sie zum Tragen. Sie sind es gewohnt, sich mit Fachausdrücken zu unterhalten, sie wissen, dass die anderen sie ohnehin verstehen. Zu einem gewissen Grad leben sie in ihrer eigenen Welt. Ein gutes Beispiel dafür ist The Big Bran Hypothesis (Season 1, Episode 2), als die vier Freunde Penny dabei helfen wollen, ihr IKEA-Regal aufzubauen. Schon bald haben sie sich von der Umgebung abgekapselt und sind völlig darin vertieft, sich mit noch effizienteren Verbesserungsvorschlägen hervorzutun. Dass Penny ihnen provozierend mitteilt, sie ziehe jetzt all ihre Kleidung aus, hören sie gar nicht.

Natürlich darf nicht außer Acht gelassen werden, dass es sich bei The Big Bang Theory um eine Sitcom handelt. Das bedeutet, dass auch die wissenschaftlichen Dialoge hauptsächlich dafür gedacht sind, die Zuschauer zum Lachen zu bringen. Massimo Pigliucci fasst das sehr gut zusammen: „The characters of Sheldon Cooper, Leonard Hofstadter, Howard Wolowitz, an Rajesh ‚Raj' Koothrappali are so funny (in part) due to their extremely ‚scientistic' worldviews, entirely framed by their practice of science" (Pigliucci, 2012, S.128).

Hierfür sind die Beispiele ebenfalls zahlreich: Howards Herangehensweise an Dating[6] in The Hofstadter Isotope (Season 2, Episode 20) und Sheldons Versuch, ein wissenschaftliches Verfahren zu entwickeln, um den Prozess des Freundefindens zu erleichtern (The Friendship Algorithm, Season 2, Episode 13) sind nur ein paar davon.

Abschließend lässt sich also festhalten, dass der wahrscheinlichste Grund für das Einsetzen der Informationsvermittlung wohl die Unterhaltung des Zuschauers ist. Eine

---

[6] Er errechnet die Chancen der Freundesgruppe bei den Frauen mittels der Drake'schen Gleichung, welche eigentlich dazu eingesetzt wird, die Chancen für eine Entdeckung einer außerirdischen Bevölkerung, mit der Kommunikation möglich ist, zu schätzen.

andere mögliche Antwort, nämlich, dass man aus The Big Bang Theory wirklich etwas lernen kann, soll im nächsten Abschnitt besprochen werden.

4.2 *Wahrheitsgehalt der Informationen*

Dass The Big Bang Theory amüsant, doch nichtsdestotrotz informativ ist, wurde bereits erörtert. Doch entsprechen die vermittelten Informationen auch der Wahrheit, oder wird den Rezipienten nur vorgetäuscht, dass sie etwas lernen?

Betrachtet man die end credits einer Episode genauer, fällt einem der Titel „science consultant" ins Auge. Dieser science consultant ist Dr. David Saltzberg, ein Astrophysiker der University of California in Los Angeles (Saltzberg, 2012). Seine Aufgabe ist es, die Skripte zu kontrollieren und Schauspieler und Autoren zu beraten. Er muss darauf achten, dass alle wissenschaftlichen Prinzipien und Formulierungen korrekt sind. Zudem schreibt er viele Dialoge selbst. Stellen, die im Drehbuch mit „science to come" gekennzeichnet sind, werden von ihm mit fachkundigen Ausdrücken ergänzt (Rickman, 2012). Darüber hinaus ist er verantwortlich für die Anschriebe auf den Whiteboards, die in Sheldons und Leonards Appartement und an ihren Arbeitsplätzen in der Universität zu finden sind. Auch hier werden nur exakte und fehlerlose Gleichungen und Schaubilder verwendet. Der physikkundige Zuschauer entdeckt auf diesen Tafeln auch hin und wieder einen in Formeln verpackten Witz (ebd.).

Doch damit erschöpfen sich die Tätigkeiten von Dr. Saltzberg noch nicht, denn er verfasst regelmäßig einen The Big Bang Theory Blog, in dem alle in der Serie genannten physikalischen Phänomene noch einmal aufgegriffen und erläutert werden.

Zudem ist er nicht der einzige Physiker, der von den Produzenten verpflichtet wurde. Immer wieder erklären sich berühmte Wissenschaftler dazu bereit, eine Gastrolle zu übernehmen, unter ihnen Brian Greene, der Nobelpreisträger George Smoot und sogar Stephen Hawking. Auch das spricht eindeutig für die Qualität der in der Serie dargebotenen Informationen.

Ebenfalls interessant ist, dass Fachzeitschriften wie die „Science" oder das „Journal of Particle Physics" bereits positive Kritiken über The Big Bang Theory veröffentlicht haben (Rickman, 2012).

Es kann also durchaus davon ausgegangen werden, dass die Sitcom dem Zuschauer ermöglicht, etwas zu lernen. Allerdings muss gesagt werden, dass die Informationen oft recht schnell und bündig gegeben werden, weshalb es von Nutzen ist, weiterführende

Literatur zu verwenden oder Dr. Saltzbergs Blog zu lesen, um sich genauer ins Bild zu setzen.

4.3 *The Big Bang Theory vs. House of Lies – ein Vergleich der Ästhetik*

Die erste Folge von Matthew Carnahans Comedyserie House of Lies wurde im Januar 2012 ausgestrahlt, knapp viereinhalb Jahre nachdem die Pilotfolge von The Big Bang Theory beim amerikanischen Sender CBS zu sehen war. Da auch House of Lies zur Gruppe der Infotainmentserien gezählt werden kann, ist ein Vergleich der Darbietung der Informationen definitiv lohnend.

In Abschnitt 4.1 wurde bereits kurz angeschnitten, dass sich die ästhetischen Aspekte der Informationsvermittlung bezüglich der angewendeten Methoden und Stilmittel in den beiden Serien stark unterscheiden. Noch einmal kurz zusammengefasst, werden bei The Big Bang Theory ausschließlich Veränderungen der Kamerabewegung und der Einstellungsgrößen eingesetzt. Das charakteristische Merkmal von House of Lies ist hingegen der häufige Einsatz von freeze frames.

Diese lassen sich weiterhin in zwei Varianten unterteilen.

Bei der ersten Version betrifft der freeze zwar die gesamte Umgebung, die Hauptperson Marty Kaan jedoch nicht. Die geringe Tiefenschärfe lenkt den Blick auf ihn und darauf, wie er sich auf die Kamera zubewegt, während er Fachbegriffe aus dem Managementbereich erklärt. Dadurch, dass er direkt in die Kamera hineinspricht und den Rezipienten adressiert, soll diesem das Gefühl gegeben werden, dass er ein Teil des Geschehens ist. Dieser Effekt wird durch eine Nahaufnahme von Kaan noch verstärkt. Es entsteht der Eindruck, dass man ihm von Angesicht zu Angesicht gegenüber steht. Manchmal wird jedoch auch mit der Froschperspektive gearbeitet, wodurch Kaan als übermächtiges Gegenüber erscheint. Möglicherweise soll somit bei dem Zuschauer die Illusion erzeugt werden, dass er sich in einer untergeordneten, beispielsweise kindlichen Position befindet und von jemandem etwas beigebracht bekommt, der mehr von diesem Metier versteht. So könnte die Glaubwürdigkeit erhöht und Respekt gewonnen werden.

Die zweite Version bedient sich eines kompletten Standbildes, d.h. auch die Hauptfigur verharrt auf der Stelle, zumeist durch die Einstellungsgröße Amerikanische festgehalten. Nun wird ein Schriftzug eingeblendet, der das Thema benennt, das als nächstes behandelt wird. Unterlegt wird das freeze frame mit einer dynamischen Instrumentalmusik, die jedes Mal individuell ist, also nicht für jedes freeze frame einfach wiederholt wird. Wenn sich Kaan kurz darauf wieder bewegt, hält er große Schilder in der Hand, auf denen seine weitere Vorgehensweise als Tipp bzw. Lektion geschrieben steht. Diese Methode wird häufig angewandt, wenn Kaan bei seiner Arbeit als Management Consultant auf Probleme stößt, z.B. wenn er einen schwierigen Kunden überzeugen muss, wie das in der Pilotepisode (Gods of Dangerous Financial Instruments, Season 1, Episode 1) der Fall ist.

Allerdings wird nicht immer auf das Stilmittel freeze frame zurückgegriffen. Vereinzelt bewegt sich der Hintergrund weiter, während Kaan auf die Kamera zugeht. Es ist denkbar, dass durch diese Methode ausgedrückt werden soll, wie hektisch der Beruf eines Management Consultants ist, da meist Kaans Kollegen zu sehen sind, wie sie zügig weitergehen, Kaan schnell spricht und sich beeilt, seinen Kollegen zu folgen.

Abschließend kann man sagen, dass der größte Unterschied zwischen den beiden Serien nicht unbedingt das Ausmaß der verwendeten Methoden und Stilmittel ist, sondern eher, was mit ihnen bezweckt wird. Bei House of Lies ist die Informationsvermittlung sehr am Rezipienten orientiert, der Zuschauer hat das Gefühl, direkt in die Handlung eingebunden zu werden und von Kaan etwas beigebracht zu bekommen. Die Erklärungen dienen zum Verständnis. Bei The Big Bang Theory hingegen fungieren sie als Kommunikationsmittel und sollen zum Lachen bringen. Auf den Zuschauer wird hier gar nicht eingegangen, oft sind die Erklärungen kurz und schnell vorgetragen.

Welche Herangehensweise die bessere ist, muss wohl jeder für sich selbst entscheiden.

5 Fazit

Das Ziel der vorliegenden Arbeit war es, einen kurzen Überblick über Infotainment zu geben, vor allem in Bezug auf das Fernsehformat Sitcom. Es sollte geklärt werden, wie sich dieses Phänomen in The Big Bang Theory äußert und ob es den Rezipienten gleichzeitig erheitern und weiterbilden kann. In diesem Rahmen wurde zuerst der Begriff Infotainment näher erläutert, darauf folgte die Analyse von The Big Bang Theory als Sitcom. Der letzte Punkt verband beide Elemente miteinander. Es wurde der Wahrheitsgehalt der Informationen untersucht und auf welche Art und Weise sie vermittelt werden.

Es wurde deutlich, dass nicht alle Sitcoms reinen Unterhaltungszwecken dienlich sind, sondern teilweise auch dazu führen, dass der Zuschauer etwas lernt. Die häufige Unterstellung von Oberflächlichkeit und Seichtheit ist demnach falsch und zu kurz gegriffen.

Vor allem beim Forschungsgegenstand The Big Bang Theory stellt sich das heraus. Die vorherrschende Balance zwischen Information und Unterhaltung ist ein gelungenes Mittel, um dem Rezipienten das komplexe Thema Physik näherzubringen. Das geht laut Townsend (2011) sogar so weit, dass sich wieder mehr amerikanische Jugendliche für dieses Studienfach interessieren.

Wie man am Beispiel House of Lies erkennen kann, hat The Big Bang Theory darüber hinaus den Weg für andere Serien geebnet, die nun ebenfalls dazu übergegangen sind, Informationen vermitteln zu wollen. Dadurch eröffnet sich ein ganz neues Forschungsfeld, denn Infotainment in Sitcoms war bisher nicht üblich. Die Entwicklung der Informationsvermittlung im Bereich Situation Comedy weiter zu verfolgen, die Herangehensweisen und die Unterschiede zwischen den angewendeten Methoden näher zu betrachten, ist gewiss ein lohnendes Unterfangen, welches der Medien- und Kommunikationswissenschaft interessante Kenntnisse erschließen kann.

Abschließend kann also festgehalten werden, dass die Informations-Unterhaltungs-Dichotomie tatsächlich nicht mehr zeitgemäß ist. Auch wenn Sitcoms weiterhin nicht zu den Bildungsprogrammen gezählt werden können, da bei ihnen nicht hauptsächlich intendiert ist, das Wissen des Rezipienten auszubauen, haben die vermittelten Informationen durchaus einen Effekt. Wie stark dieser ist und unter welchen Bedingungen man ihn sich am besten zu Nutzen machen kann, müssen weitere Untersuchungen erst noch herausarbeiten.

II Literaturverzeichnis

Badanjak, S. (2005). Sitcoms, Soaps und Drama Series. Zur Publikumsbindung von Fernsehserien.*Medienheft Online Publikation.* Abgerufen von http://www.medienheft.ch/dossier/bibliothek/d23_BadanjakSascha.html

Bosshart, L. (1991). Infotainment im Spannungsfeld von Information und Unterhaltung. *Medienwissenschaft Schweiz, 2,* 1-4.

Carnahan, M (Autor) & Hopkins, S. (Regisseur). 2012. Gods of Dangerous Financial Instruments [TV-Serienepisode]. In M. Carnahan (Produzent), *House of Lies.* Beverly Hills, CA: Refugee Productions.

Dehm, U. & Storll, D. (2005). Die Zuschauer verstehen: Abschied von der Informations-Unterhaltungsdichotomie. *tv diskurs. Verantwortung in audiovisuellen Medien, 9* (2), 42-45.

Dörner, A. (2001). *Politainment. Politik in der medialen Erlebnisgesellschaft.* Berlin: Suhrkamp.

Feuer, J. (2001). Situation Comedy Part 2. In G. Creeber (Hg.), *The Television Genre Book* (S.67-70). London: bfi Publishing.

Florschütz, G. (2005). *Sport in Film und Fernsehen: Zwischen Infotainment und Spektakel.* Wiesbaden: Deutscher Universitätsverlag/GWV Fachverlage.

Früh, W. & Wirth, W. (1997). Positives und negatives Infotainment. In G. Bentele & M. Haller (Hg.), *Aktuelle Entstehung von Öffentlichkeit* (S.369-381). Konstanz: UVK.

Glickman, J. & Engel, S. (Autoren) & Cendrowski, M. (Regisseur). 2008. The Jerusalem Duality [TV-Serienepisode]. In C. Lorre & L. Aronsohn (Produzenten), *The Big Bang Theory.* Burbank, CA: Warner Bros. Television.

Goetsch, D. (Autor) & Cendrowski, M. (Regisseur). 2007. The Middle Earth Paradigm [TV-Serienepisode]. In C. Lorre & L. Aronsohn (Produzenten), *The Big Bang Theory.* Burbank, CA: Warner Bros. Television.

Goetsch, D. & Molaro, S. (Autoren) & Wass, T. (Regisseur). 2007. The Grasshopper Experiment [TV-Serienepisode]. In C. Lorre & L. Aronsohn (Produzenten), *The Big Bang Theory.* Burbank, CA: Warner Bros. Television.

Goetsch, D. & Molaro, S. (Autoren) & Cendrowski, M. (Regisseur). 2008. The White Asparagus Triangulation [TV-Serienepisode]. In C. Lorre & L. Aronsohn (Produzenten), *The Big Bang Theory.* Burbank, CA: Warner Bros. Television.

Goetsch, D. (Autor) & Cendrowski, M. (Regisseur). 2009. The Hofstadter Isotope [TV-Serienepisode]. In C. Lorre & L. Aronsohn (Produzenten), *The Big Bang Theory.* Burbank, CA: Warner Bros. Television.

Hartley, J. (2001). Situation Comedy Part 1. In G. Creeber (Hg.), *The Television Genre Book* (S.65-67). London: bfi Publishing.

Kaplan, E., Ferrari, M. & Del Broccolo, A. (Autoren) & Cendrowski, M. (Regisseur). 2011. The Skank Reflex Analysis [TV-Serienepisode]. In C. Lorre & L. Aronsohn (Produzenten), *The Big Bang Theory*. Burbank, CA: Warner Bros. Television.

Klaus, E. (2008). Abschied von der Dichotomie. In B. Pörsken, W. Loosen & A. Scholl (Hg.), *Paradoxien des Journalismus. Theorie — Empirie — Praxis* (S.343-360). Wiesbaden: VS Verlag für Sozialwissenschaften.

Klöppel, M. (2008). *Infotainment. Zwischen Bildungsanspruch und Publikumserwartung – Wie unterhaltsam darf Information sein?* Marburg: Tectum.

Lawhead, J. (2012). Getting fundametal about doing physics in TBBT. In D. Kowalski (Hg.), *The Big Bang Theory And Philosophy. Rock, Paper, Scissors, Aristotle, Locke* (S.99-111). Hoboken: John Wiley & Sons.

Littman, G. (2012). Aristotle on Sheldon Cooper: Ancient Greek meets Modern Geek. In D. Kowalski (Hg.), *The Big Bang Theory And Philosophy. Rock, Paper, Scissors, Aristotle, Locke* (S.7-20). Hoboken: John Wiley & Sons.

Lorre, C., Kaplan, E. & Gorodetsky, E. (Autoren) & Burrows, J., Cendrowski, M. (Regisseur). 2011. The Herb Garden Germination [TV-Serienepisode]. In C. Lorre & L. Aronsohn (Produzenten), *The Big Bang Theory*. Burbank, CA: Warner Bros. Television.

Lorre, C., Molaro, S. & Kaplan, E. (Autoren) & Cendrowski, M. (Regisseur). 2012. The Beta Test Initiation [TV-Serienepisode]. In C. Lorre & L. Aronsohn (Produzenten), *The Big Bang Theory*. Burbank, CA: Warner Bros. Television.

Lorre, C. & Prady, B. (Autoren) & Burrows, J. (Regisseur). 2007. Pilot [TV-Serienepisode]. In C. Lorre & L. Aronsohn (Produzenten), *The Big Bang Theory*. Burbank, CA: Warner Bros. Television.

Lorre, C. & Prady, B. (Autoren) & Cendrowski, M. (Regisseur). 2007. The Big Bran Hypothesis [TV-Serienepisode]. In C. Lorre & L. Aronsohn (Produzenten), *The Big Bang Theory*. Burbank, CA: Warner Bros. Television.

Lorre, C. & Prady, B. (Autoren) & Cendrowski, M. (Regisseur). 2007. The Luminous Fish Effect [TV-Serienepisode]. In C. Lorre & L. Aronsohn (Produzenten), *The Big Bang Theory*. Burbank, CA: Warner Bros. Television.

Lorre, C. & Prady, B. (Autoren) & Cendrowski, M. (Regisseur). 2008. The Tangerine Factor [TV-Serienepisode]. In C. Lorre & L. Aronsohn (Produzenten), *The Big Bang Theory*. Burbank, CA: Warner Bros. Television.

Lorre, C., Prady, B., Aronsohn, L. & Molaro, S. (Autoren) & Rich, A. (Regisseur). 2010. The Spaghetti Catalyst [TV-Serienepisode]. In C. Lorre & L. Aronsohn (Produzenten), *The Big Bang Theory*. Burbank, CA: Warner Bros. Television.

Lorre, C., Reynolds, J. & Ferrari, M. (Autoren) & Cendrowski, M. (Regisseur). 2012. The Decoupling Fluctuation [TV-Serienepisode]. In C. Lorre & L. Aronsohn (Produzenten), *The Big Bang Theory*. Burbank, CA: Warner Bros. Television.

Lorre, C., Rosenstock, R. & Holland, S. (Autoren) & Cendrowski, M. (Regisseur). 2009. The Gorilla Experiment [TV-Serienepisode]. In C. Lorre & L. Aronsohn (Produzenten), *The Big Bang Theory*. Burbank, CA: Warner Bros. Television.

Mack, M. (2002). *FRIENDS - Untersuchung zu einer populären Sitcom und ihre medienübergreifenden Vermarktung. Diplomarbeit im Fach Medienwissenschaften.* Abgerufen von http://www.hdmstuttgart.de/ifak/publikationen/abschlussarbeiten/ifak/pdfs/DA_Mack.pdf

Marc, D. (1989). *Comic Visions: Television Comedy and American Culture*. Hoboken: Wiley-Blackwell.

McQuail, D. (1983). *Mass Communication Theory. An Introduction.* London: Sage.

Meyn, C. (2010). *„You laugh now, but wait till you need tech support!" Nerds und ihre Subkultur in zeitgenössischen Fernsehserien.* München: GRIN Verlag.

Mills, B. (2005). *Television Sitcom.* London: bfi Publishing.

Mills, B. (2009). *The Sitcom.* Edinburgh: Edinburgh University Press.

Molaro, S., Rosenstock, R. & Ferrari, M. (Autoren) & Cendrowski, M. (Regisseur). 2009. The Maternal Congruence [TV-Serienepisode]. In C. Lorre & L. Aronsohn (Produzenten), *The Big Bang Theory*. Burbank, CA: Warner Bros. Television.

Pigliucci, M. (2012). The one paradigm to rule them all: Scientism and the Big Bang Theory. In D. Kowalski (Hg.), *The Big Bang Theory And Philosophy. Rock, Paper, Scissors, Aristotle, Locke* (S.128-143). Hoboken: John Wiley & Sons.

Postman, N. (2010). Fernsehnutzung und Urteilsbildung im Zeitalter der Unterhaltungsindustrie (1985). In M. S. Kleiner (Hg.), *Grundlagentexte zur sozialwissenschaftlichen Medienkritik* (S.358-367), Wiesbaden: VS Verlag für Sozialwissenschaften.

Prady, B. (Autor) & Cendrowski, M. (Regisseur). 2008. The Lizard-Spock Expansion [TV-Serienepisode]. In C. Lorre & L. Aronsohn (Produzenten), *The Big Bang Theory*. Burbank, CA: Warner Bros. Television.

Prady, B. & Engel, S. (Autoren) & Murray, J. (Regisseur). 2008. The Cooper-Hofstadter Polarization [TV-Serienepisode]. In C. Lorre & L. Aronsohn (Produzenten), *The Big Bang Theory*. Burbank, CA: Warner Bros. Television.

Prady, B., Molaro, S. & Holland, S. (Autoren) & Chakos, P. (Regisseur). 2012. The Stag Convergence [TV-Serienepisode]. In C. Lorre & L. Aronsohn (Produzenten), *The Big Bang Theory*. Burbank, CA: Warner Bros. Television.

Prady, B. & Rosenstock, R. (Autoren) & Cendrowski, M. (Regisseur). 2009. The Friendship Algorithm [TV-Serienepisode]. In C. Lorre & L. Aronsohn (Produzenten), *The Big Bang Theory*. Burbank, CA: Warner Bros. Television.

Reynolds, J. (Autor) & Cendrowski, M. (Regisseur). 2009. The Jiminy Conjecture [TV-Serienepisode]. In C. Lorre & L. Aronsohn (Produzenten), *The Big Bang Theory*. Burbank, CA: Warner Bros. Television.

Rhomberg, M. (2008). *Politische Kommunikation: Eine Einführung für Politikwissenschaftler*. Paderborn: W. Fink.

Rickman, A. (2012). *The Big Bang Theory von A-Z. Der inoffizielle Guide zur Serie*. Berlin: Schwarzkopf & Schwarzkopf

Rosenstock, R. & Prady, B. (Autoren) & Cendrowski, M. (Regisseur). 2009. The Killer Robot Instability [TV-Serienepisode]. In C. Lorre & L. Aronsohn (Produzenten), *The Big Bang Theory*. Burbank, CA: Warner Bros. Television.

Saltzberg, D. (2012). *Educational Background*. Abgerufen von http://www.pa.ucla.edu/directory/david-saltzberg

Schicha, C. & Brosda, C. (2002). Politikvermittlung zwischen Information und Unterhaltung - Eine Einführung. In C. Schicha & C. Brosda (Hg.), *Politikvermittlung in Unterhaltungsformaten. Medieninszenierungen zwischen Popularität und Populismus* (S.7-37), Münster: LIT Verlag.

Lukas, A. (2003). *Infotainment als Wettbewerbsstrategie - Unterhaltungselemente in den Hauptnachrichtensendungen von ARD, ZDF, RTL und Sat.1*. München: GRIN Verlag.

Stiegler, B. (2005). Infotainment. In B. Stiegler & A. Roesler (Hg.), *Grundbegriffe der Medientheorie* (S.106-107). Paderborn: W. Fink.

Townsend, M. (2011). *Big Bang Theory fuels physics boom. Interest in A-level and university courses rises as US comedy makes the subject "cool"*. Abgerufen von http://www.guardian.co.uk/education/2011/nov/06/big-bang-theory-physics-boom

v. Weymarn, B. (unbekannt). *SitCom*. Abgerufen von http://www.granosalis.de/html/sitcom.html

Walser, A. (2011). *Infotainment als didaktisches Mittel*. München: GRIN Verlag.